Fiona Macdonald hat in Cambridge Geschichte studiert, an der Universität von Norwich die Geschichte des Mittelalters erforscht und Kinder und Erwachsene unterrichtet. Sie hat geschichtliche Werke verfaßt und zahlreiche Kinderbücher veröffentlicht.

Mark Bergin wurde 1961 in England geboren und hat am Eastbourne College of Art studiert. Er ist ein auf geschichtliche Themen spezialisierter Illustrator und hat gemeinsam mit John James die Illustrationen des Bandes »Griechenland unter Perikles – Die Blütezeit Athens« geschaffen.

Derek McKay ist Dozent für internationale Geschichte an der London School of Economics, die zur Universität London gehört. Neben seiner Lehrtätigkeit schrieb er auch Werke über die Geschichte Europas im 17. und 18. Jahrhundert.

Die Reihe besteht aus 12 Bänden:

* ÄGYPTEN ZUR ZEIT RAMSES' II., dem großen Pharao
* GRIECHENLAND UNTER PERIKLES – die Blütezeit Athens
* CHINA UNTER SCHI HUANG-TI, dem großen Herrscher und Erbauer der Chinesischen Mauer
* CHRISTOPH KOLUMBUS, der Entdecker Amerikas
* DIE WIKINGER, wagemutige Seefahrer des Nordens
* BABYLON ZUR ZEIT HAMMURAPIS, dem Erbauer des TURMS VON BABYLON und ersten Gesetzgeber
* MARCO POLO, der große Venezianer und Entdecker Chinas
* DAS REICH DER FRANKEN unter Karl dem Großen
* ROM ZUR ZEIT DER RENAISSANCE und der GROSSEN PÄPSTE
* PARIS ZUR ZEIT LUDWIG XIV, dem SONNENKÖNIG
* ROM UNTER KAISER AUGUSTUS, dem Begründer des Römischen Weltreiches
* RICHARD LÖWENHERZ und die großen Kreuzzüge

ABENTEUER
WELTGESCHICHTE

PARIS
ZUR ZEIT
LUDWIG XIV.,
DEM
SONNENKÖNIG

FIONA MACDONALD
MARK BERGIN

DEUTSCH VON
THOMAS STAINER

VERLEGT BEI
KAISER

Inhaltsverzeichnis

Leitung der Reihe: David Salariya,
Giovanni Caselli
Graphik: David Salariya
Illustrationen: Mark Bergin
Text: Fiona Macdonald
Verlegerische Leitung: Derek McKay
Graphische Koordinierung: Giorgio Dini,
Janet Armstrong

Deutsche Erstausgabe.

Satz: Context OEG, St. Veit/Glan
Druck und Bindung: Giunti Gruppo Editoriale, Florenz

Einleitung

Dieser Band erzählt die Geschichte von Ludwig XIV., der ungewöhnlich lange König von Frankreich war: von 1643 bis 1715, also rund 72 Jahre.
Einige Historiker halten ihn für den größten König, den Frankreich je gehabt hat. Unter seiner Herrschaft wurde Frankreich zu einem mächtigen und einflußreichen Land. Viel Geld wurde ausgegeben, um prächtige Paläste zu bauen, prunkvolle Gärten anzulegen, wunderschöne Bilder und Statuen zu schaffen, aber auch um prachtvolle Möbel und auserlesene Kleider anzufertigen oder pompöse gesellschaftliche Ereignisse zu organisieren. Ludwig XIV. und seine Minister gaben Handel und Handwerk entscheidende Impulse und versuchten das Regierungssystem sowie die Formen der Steuereinhebung zu reformieren. Sie waren auch sehr darum bemüht, die Schlagkraft der französischen Armee und Flotte zu erhöhen. Könige, Generäle und Politiker aus ganz Europa bewunderten Ludwig XIV. wegen seiner Energie und Entschlossenheit. Andere Historiker wiederum sind weniger davon überzeugt, daß die lange Regierungszeit Ludwigs XIV. für Frankreich ein »goldenes Zeitalter« war. Sicherlich war sie das nicht für das einfache Volk, dessen Alltag oft sehr hart war. Auf den nächsten Seiten erfahren wir mehr darüber, wie das Leben zu Ludwigs Zeit in Frankreich und in Paris, der Hauptstadt des Königreiches, verlief, und werden uns selbst eine Meinung über den König und sein Werk bilden können.

Der junge König Ludwig

Als sein Vater Ludwig XIII. starb, war Prinz Ludwig erst fünf Jahre alt, wartete aber, so heißt es, schon ungeduldig darauf, den Thron zu besteigen. Der Unterricht, den er erhielt (in Latein, Geschichte, Französisch, Recht, Theologie, Kriegführung, Finanzwesen, Außenpolitik – aber auch in Etikette und Hofzeremoniell), sollte ihn auf seine Rolle als Herrscher eines großen und mächtigen Landes auf das beste vorbereiten.
Obwohl Ludwig ein sehr aufgewecktes und intelligentes Kind war, mochte er den Unterricht nicht. Er lernte statt dessen viel mehr aus den politischen Diskussionen zwischen seiner Mutter, Königin Anna (die solange die Regierungsgeschäfte leitete, bis ihr Sohn alt genug war, um den Thron zu besteigen), und ihrem Premierminister, Kardinal Mazarin.
Mit dem Heranwachsen entwickelte sich in Ludwig ein ausgeprägter Patriotismus und eine gute Menschenkenntnis und er wurde ein mutiger, entschlossener Mann, dem Recht und Ordnung am Herzen lagen. 1661 starb Mazarin und Ludwig übernahm die Führung des Landes.

Als Kinder waren Ludwig und sein jüngerer Bruder Philipp sehr lebhaft, unfolgsam und zanksüchtig. Sie neckten sich mit Lausbubenstreichen und spielten lieber in den Gärten mit den Kindern der Diener als ihrem langweiligen Privatlehrer zuzuhören.
Schon als Junge liebte Ludwig XIV. das Vergnügen: er ritt und jagte mit Begeisterung, hatte großen Appetit und war auch einem guten Tropfen nicht abgeneigt. Gerne tanzte und sang er, spielte Karten oder Billard und trug elegante, teure Kleider.

Die Hauptstadt

Paris war die Hauptstadt des Königreichs Ludwigs XIV. Für die damalige Zeit war es eine sehr große und dichtbevölkerte Stadt. 1684 zählte sie 23.272 Häuser und rund 500.000 Einwohner. Paris besaß auch viele wunderschöne Kirchen, herrliche Denkmäler, Brücken und öffentliche Parkanlagen.
Die Adeligen und die reichen Kaufleute wohnten in prächtigen Steinhäusern mit geräumigen Zimmern und schönen Höfen. Die einfachen Leute, die das ganze Jahr in Paris lebten und arbeiteten, wohnten zusammengedrängt in Holzhäusern, in deren Erdgeschoß sich oft ein Laden oder eine Werkstätte befand. Die darüber gelegenen Wohnräume umfaßten oft nur ein einziges Zimmer für die ganze Familie.
An Sonn- und Feiertagen gingen die Pariser in den Parks oder entlang der Seine spazieren.

Die wirklich arme Bevölkerung, die Bettler, die Kriegsversehrten, die Arbeitslosen sowie die kleinen Gauner und Taschendiebe lebten zwischen Schmutz und Ratten in dunklen, schäbigen Stadtvierteln, die ironisch »Wunderhöfe« genannt wurden und die selbst die Gendarmen nur ungern betraten.

Paris war eine blühende Stadt, in der geschäftiges Treiben herrschte und daher viele Bettler und Hausierer anzog. Historiker errechneten, daß zur Zeit Ludwigs XIV. in Paris bis zu 40.000 lebten – rund ein Zehntel der Bevölkerung.
Hilfe erhielten die Armen von gottesfürchtigen und wohltätigen Personen wie »Monsieur Vincent« (der nach seinem Tode als Vinzenz von Paul heiliggesprochen wurde), die sich der Kinder und der Alten annahmen, aber auch von vielen anderen, die Kranke in ihren Häusern pflegten, Gefangene besuchten und Speisen für Bedürftige sammelten.

Die Armen mußten sehr viel, manchmal bis zu 14 Stunden täglich, arbeiten.

A Brotverkäuferin
B Bauchladenhändler
C Wasserträger
D Flickschuster

Die Berufe

Neben Erzeugung und Verkauf der für die Stadtbevölkerung notwendigen Lebensmittel gingen die Bewohner von Paris auch anderen Tätigkeiten nach. Manche arbeiteten in Webereien oder textilverarbeitenden Betrieben, in denen Kleider, Vorhänge und Teppiche hergestellt wurden, andere waren Tischler und Schnitzer, die einfache Möbel, aber auch Türen, Fenster und ähnliche für den Hausbau notwendige Gegenstände erzeugten; und schließlich gab es dann noch die Handwerker, die sich auf die Metallverarbeitung spezialisierten und angefangen von kunstvollen Türschlössern bis hin zu einfachen Geräten für die Landwirtschaft, wie Rechen oder Schaufeln, alles mögliche anfertigten.

In Paris lebten auch viele Regierungsbeamte, die sich unter anderem um die Reinhaltung kümmerten und für Sicherheit und Ruhe in der Stadt verantwortlich waren, damit sich Handel und Handwerk bestens entwickeln konnten. Unter Ludwig XIV. entstanden viele neue Betriebe zur Erzeugung von Möbeln, Gobelins, Porzellan und feinsten Metallarbeiten, und der Premierminister des Königs, Colbert, lud Handwerker aus ganz Europa ein, sich in Frankreich niederzulassen und der Bevölkerung ihre Künste zu lehren. Paris war auch ein bedeutendes Kulturzentrum mit einer alten Universität, der Sorbonne.

1 Standuhr
2 Modische Frisur zwischen 1660 und 1701
3 Schmuckvoller Fächer
4 Spiegel mit reichen Verzierungen
5 Brillenfutteral
6 Lampe
7 Seidener Frauenschuh
8 Lederner Männerschuh
9 Suppenschüssel aus Sévres-Porzellan
10 Gitarre mit Koffer
11 Stuhl mit den Initialen Ludwigs XIV.
12 Innenansicht einer Spielkartenfabrik

12

Das Leben in Paris

Zur Zeit Ludwigs XIV. wurden prunkvolle Gebäude errichtet. Das alte Schloß des französischen Königs, der Louvre, wurde dem damals in Italien vorherrschenden Stil entsprechend umgebaut. Weiters wurden zwei große Tore zur Kennzeichnung der Zollgrenze errichtet und zwei herrliche Plätze, die von eleganten Häusern begrenzt waren, angelegt. Die Adeligen benutzten für gewöhnlich die eigene Kutsche oder Sänfte, um auf dem Weg zu Bällen, Empfängen oder Musikabenden durch die überfüllten Straßen von Paris zu

Der Premierminister Ludwigs XIV., Colbert, schlug als erster Maßnahmen vor, um zu verhindern, daß das Wachstum der Stadt Paris in Zukunft außer Kontrolle geriet. Von nun an mußte beim Bau neuer Häuser ein allgemeiner Stadtbebauungsplan eingehalten werden.

kommen. Eine andere Angewohnheit der reichen Pariser bestand im Besuch der neuen, exklusiven »Cafés«, um Tee, Kakao oder Kaffee, die erst kurz zuvor auch in Frankreich bekannt geworden waren, zu trinken. Dort traf man Freunde, um den neuesten Klatsch auszutauschen oder über Politik zu diskutieren. War Paris tagsüber eine wunderschöne und sehr lebendige Stadt, so verwandelte sie sich mit Einbruch der Nacht in einen äußerst gefährlichen Ort. Nächtliche Spaziergänger liefen Gefahr, von brutalen Räubern in Spelunken oder dunkle Gassen gezerrt und all ihrer Habseligkeiten beraubt zu werden, wenn man ihnen nicht überhaupt, was oft geschah, die Kehle durchschnitt. So schrieb ein Dichter des 17. Jahrhunderts: »Im Vergleich zu Paris ist der dunkelste und verlassenste Wald ein sicherer Ort.«

Das Parlament

Paris zur Zeit Ludwigs XIV. wurde zum Teil von einem Parlament regiert, dessen Mitglieder begüterte und erfolgreiche Rechtsanwälte mit guten Beziehungen waren. Viele wurden vom König ernannt und dienten ihm in den Debatten als »Freunde«, indem sie seiner Meinung Gewicht verliehen und für die Durchführung seiner Anordnungen sorgten.
Das Parlament in Paris regierte auch einen großen Teil Nord- und Mittelfrankreichs. Es gab noch neun weitere Parlamente, von denen jedes je eine, wenn auch kleinere, Region verwaltete. Obwohl Ludwig XIV. wie andere französische Könige nach dem Modell der absolutistischen Monarchie regierte, bediente er sich auch der lokalen Regierungsvertreter, deren Aufgabe es war, die Anwendung seiner Verordnungen zu überwachen. Alle vom König getroffenen Entscheidungen wurden den einzelnen Parlamenten vorgetragen, um sie von ihnen annehmen zu lassen. Das Königreich Ludwigs XIV. wurde aber auch mit Hilfe anderer Regierungsbeamter sowie von zahlreichen kleinen Beratern, Ausschüssen, Beamten, Komitees und örtlichen Gerichten verwaltet. Darüber hinaus gab es königliche und kirchliche Gerichte, die bei schwereren Verbrechen Recht sprachen.

In all diesen Gerichten war die Arbeit sachverständiger Anwälte notwendig, da die im Prozeßverlauf üblichen Verfahren für die einfachen Leute unverständlich waren. Um die dazu notwendige Vorbereitung zu erhalten, besuchten die Jurastudenten die großen französischen Universitäten, deren berühmteste die Sorbonne in Paris war.

Der König und seine Minister

Als Ludwig XIV. noch ein Kind und Mazarin Premierminister war, wurde Frankreich von Aufständen erschüttert, die von einer Adelsbewegung, der »Fronde«, ausgelöst wurden. Sie richteten sich gegen die von Mazarin eingeführten Verwaltungsreformen, durch die die zuvor bestehenden lokalen Verwaltungen der direkten Kontrolle des Königs unterstellt wurden. Das gefiel natürlich dem König, viele Franzosen lehnten jedoch diese Reformen ab.

Viele der alten französischen Adelsfamilien und der bedeutendsten Bürger von Paris unterstützten aus Angst um ihre lokale Macht die Frondeure. Aber die Revolutionsbewegung stand unter keinem guten Stern: ihre Mitglieder waren sich uneinig, ihnen fehlte das Geld, die notwendige Munition und die Unterstützung des Volkes, und so scheiterte die Rebellion.

Nachdem Ludwig XIV. den Aufstand der Frondeure niedergeschlagen hatte, war sein Vertrauen in den Adel und die unabhängigen Bürgerräte sehr gering, weshalb er sich die absolute Herrschaft des Landes sichern wollte. Er wollte es nicht zulassen, daß ihm der Adelsstand oder die Handelsmacht der Städte die Position als oberster Herrscher Frankreichs streitig machten: »L'état c'est moi« (Der Staat bin ich) soll er gesagt haben.

Die Macht des Königs spiegelte sich auch in den für Ludwig XIV. und für seine Höflinge in den Kirchen während den Gottesdiensten vorgesehenen Plätzen wider: Der König saß vor dem Altar, während die Höflinge ihm gegenüber, also mit dem Rücken zum Altar, saßen. Per königlichem Dekret war es dem französischen Adel verboten, Handel zu betreiben. Seine Aufgabe bestand viel mehr darin, die eigenen Ländereien zu verwalten, die Armee zu kommandieren und am Hofleben teilzuhaben.

Die Wirtschaft

Jean-Baptiste Colbert war der einflußreichste Minister und bis zu seinem Tod 1683 ein treuer Mitarbeiter Ludwigs XIV. Im Gegensatz zu den Adeligen, die am Hof lebten, war er ein Fachmann für Handel, Finanzen und Gewerbe. In der Überzeugung, daß Frankreich, um ein mächtiger Staat zu werden, über eine starke Wirtschaft verfügen müsse, führte er viele Neuerungen ein, mit dem Ziel, die Qualität der landwirtschaftlichen Produktion zu verbessern und den Außenhandel zu verstärken.

Ludwig XIV. wurde auch von anderen Ministern und Beratern (die er selbst ernannte) in den verschiedensten Regierungsgeschäften (wie Einhebung der Steuern, Rechtspflege, Organisation der Armee und der Flotte im Kriegsfall) unterstützt.
Er versuchte seine Machtbefugnisse immer weiter auszubauen: so war er nicht nur Staatsoberhaupt, sondern hatte auch den Vorsitz bei den Gerichten inne, und ihm unterstanden auch die Staatsverwaltung und das gesamte Militär.

Im 17. Jahrhundert gab es nur sieben Jahre Frieden. Im Europa der damaligen Zeit bewirkte nämlich die von vielen Herrschern verfolgte Politik einen permanenten Kriegszustand.
Aber warum schickte Ludwig XIV. seine Soldaten in die Schlacht? In erster Linie, um Frankreich sowohl vor echten als auch vor möglichen Gefahren zu schützen, dann aber auch um mehr Macht und Ansehen zu erlangen. Sein Ziel war es, König des größten und vorherrschenden Staates Europas zu werden.

Colbert arbeitete im Dienste Ludwigs XIV. sehr viel. Er kam jeden Morgen um 5.30 Uhr in seinen Arbeitsraum und blieb abends oft bis halb zehn, also gut 16 Stunden.
Auch wenn Colbert 20 Jahre älter als Ludwig XIV. war, hatte er enormen Respekt vor ihm. Man erzählt sich sogar, daß er jedesmal, wenn er vor den König treten mußte, vor Angst zitterte.

Der Krieg

Unter Ludwig XIV. eroberte Frankreich Gebiete, die von seiner nördlichen Grenze bis zum Rhein reichten und die heute Teil von Belgien bzw. Luxemburg sind, damals jedoch unter spanischer Herrschaft standen.
Der König fürchtete daher, daß Österreich, ein Verbündeter Spaniens, Frankreich an seiner Nordgrenze angreifen könnte.

Anlaß für weitere kriegerische Auseinandersetzungen lieferte die 1685 von Ludwig getroffene Entscheidung, die Protestanten zu verfolgen (die gezwungen wurden, ihren Glauben zu widerrufen).
Viele flohen nach England oder Holland und riefen die protestantischen Länder Europas dazu auf, sich mit Spanien und Österreich gegen Frankreich zu verbünden.

Im Jahre 1700 starb der spanische König ohne Nachfolger. Da Frankreich an Spanien grenzt, beabsichtigte Ludwig XIV., einen ihm wohlgesinnten König oder, noch besser, ein Mitglied der französischen Königsfamilie auf den spanischen Thron zu setzen.
So hätte er seinen Machtbereich auf das riesige spanische Reich, das auch Gebiete in Belgien, Italien sowie in Zentral- und Südamerika umfaßte, ausdehnen können.
Aber die anderen europäischen Länder wollten das verhindern und so brach 1702 der Spanische Erbfolgekrieg aus. Elf Jahre lang forderte dieser Krieg unzählige Opfer, ehe er 1713, nach Unterzeichnung eines Friedensvertrages, beendet wurde.

Diese Soldaten gehörten zu einem Korps der Armee Ludwigs XIV.
A Grenadier
B Musketier mit einer Tasche, die das Zeichen Ludwigs XIV., die Sonne, trägt
C Reich ornamentierte, gußeiserne Kanone mit dem Emblem des »Sonnenkönigs«. Unter Ludwig XIV. wurden beachtliche Anstrengungen unternommen, einen für Kanonen und andere Geschütze gültigen Standard einzuführen.

1 Sponton der Offiziere
2 Hellebarde der Unteroffiziere
3 Pike der Landsknechte

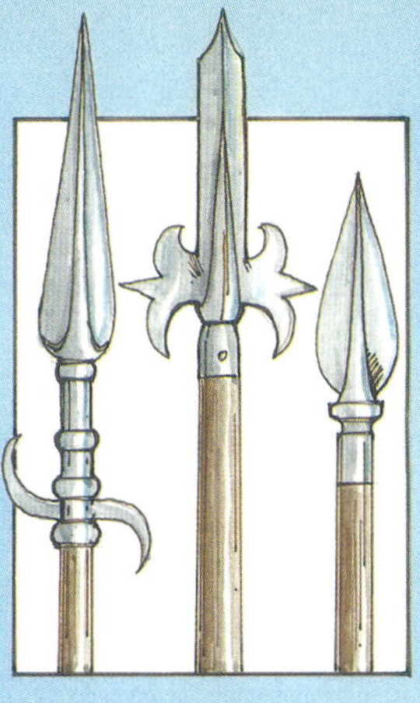

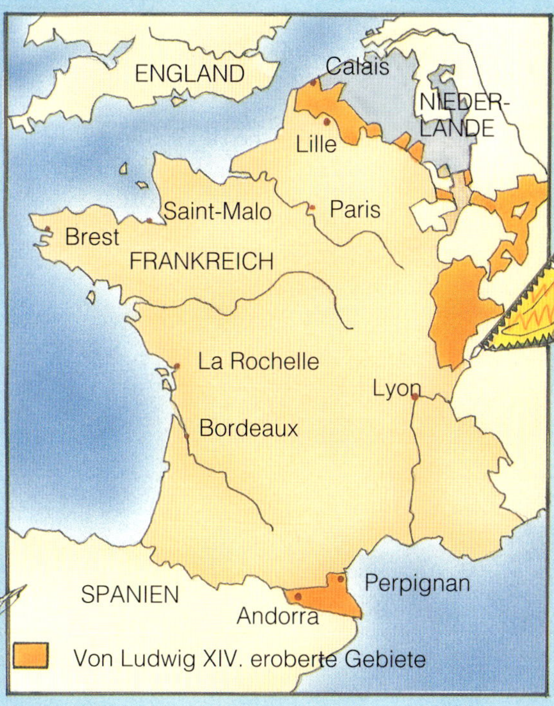

D Mörser einer Galeone. Die Geschoße wogen etwa 90 Kilo.

Das Schloß von Versailles

Die ersten Jahre seines Lebens verbrachte Ludwig in Paris im Königsschloß, dem Louvre, oder auf dem nahe gelegenen Landsitz der königlichen Familie in Saint Germain-en-Laye. Später bereiste er ganz Frankreich und wohnte in Herrenhäusern und Schlössern und hielt sich, im Kriegsfall, immer in der Nähe einer Belagerung oder einer Schlacht auf.
In den Jahren zwischen 1660 und 1670 besuchte er immer öfter das Jagdschloß, das sein Vater in Versailles, einem kleinen Ort rund 18 Kilometer südwestlich von Paris, errichten ließ. Hierher kam er mit Freunden, um Ausritte in die Wälder zu unternehmen oder sich anderweitig zu vergnügen.
Ludwig verliebte sich in den alten, malerischen Bau und dessen Umgebung und beschloß, weniger in Paris als hier soviel Zcit wic möglich zu verbringen. Aber das alte Jagdschloß war nicht dazu geeignet, dem größten König von Europa als Residenz zu dienen, und so beschloß Ludwig dessen Umbau.
Er ließ die berühmtesten Architekten, Künstler, Gärtner, Möbeltischler, Tapisseure, Bildhauer und Sticker des ganzen Landes kommen, und mit den Jahren wurde Versailles allmählich zum prunkvollsten, elegantesten und prächtigsten Bau des 17. Jahrhunderts.

Das alte Jagdschloß war für Ludwig XIV. zu klein, als Gebäude jedoch verhältnismäßig groß. Es besaß 20 Zimmer sowie einen Schlafsaal für die Jagdgesellschaft und die Diener. Einige Historiker meinen, daß die Liebe zum Land mit ein Grund für den Entschluß des Königs, fortan in Versailles zu leben, war.
Ludwig war in Hunde vernarrt – vor allem in Jagdhunde. Heute schätzt man, daß 1701 in den Stallungen von Versailles, das er als Ausgangspunkt seiner Jagdausflüge wählte, auch gut 1000 Hunde, die in sechs verschiedene Meuten aufgeteilt waren, gehalten wurden.

Die königlichen Gemächer

Versailles war weitaus mehr als nur ein »Lustschloß«. Es sollte jedem, der es besuchte, die Größe und Macht seines Schöpfers Ludwig XIV. vor Augen führen. Der Gebäudekomplex befand sich inmitten wunderschöner Parkanlagen. Der alte Jagdpavillon wurde von einem neuen Gebäude, dem sogenannten »Enveloppe« umgeben, in dem der König und dessen Familie lebte. Von den königlichen Gemächern blickte man auf der einen Seite auf die vom königlichen Gärtner André Le Nôtre angelegten und gepflegten Gärten, und auf der anderen Seite auf einen Hof, in dem die Höflinge, aus Angst, den König zu stören, nur auf Zehenspitzen gingen.

Die Kinder der königlichen Familie und ihre Kindermädchen waren im Südflügel des Schlosses untergebracht, in dem sich 29 in sich abgeschlossene Zimmer, Läden sowie Arbeitsräume befanden. Im Nordflügel hingegen wohnten die Höflinge. Neben diesen beiden Flügeln gab es ein Gebäude mit Lagern, Vorratskammern und den Zimmern für die 15.000 Diener, die im Schloß arbeiteten.

Auch die für die Pferde des Königs vorgesehenen Stallungen, über denen die meisten der jungen Adeligen untergebracht waren, beanspruchten ein gewaltiges Areal.

A

C

D

In einer Urkunde aus dem Jahre 1684 kann man lesen: »Letzte Woche arbeiteten in Versailles 22.000 Mann und 1000 Pferde.« Der Palast war dazu bestimmt, eher ein bewunderungswürdiges Kunstwerk als eine behagliche Residenz zu werden, und so mußte, wer hier wohnte, in der Tat einige Unannehmlichkeiten in Kauf nehmen. Versailles wurde aber das schönste Bauwerk im sogenannten »Louis-quatorze«-Stil.

A und **B** Einige der architektonischen Verzierungen, die die Gebäude des Schlosses schmückten
C Detail des Eingangstors von Versailles mit dem Emblem des »Sonnenkönigs«
D Die Große Galerie oder »Spiegelgalerie« ist ein wunderbares Beispiel für die prunkvolle Innenausstattung. 1668 begannen die Umbauarbeiten am neuen Schloß von Versailles. Über 50 Jahre waren Zehntausende von Arbeitern damit beschäftigt, das Schloß zu verändern und zu verschönern.

Die Kunst

Die französischen Künstler gehörten zu den besten Europas. Colbert förderte ihre Tätigkeit, indem er die Einfuhr aller Luxusgüter, die auch in Frankreich hergestellt werden konnten, verbot. Dank dieser Maßnahme entstanden, vor allem in Paris, Werkstätten und Betriebe, die Seidenstoffe, Spitzen, Gobelins, Teppiche, Glaswaren, Spiegel, Juwelen, Gold- und Silberzierat und jede Art von Möbeln erzeugten.

Auch König Ludwig unterstützte die Arbeit der Manufakturen, indem er die besten Künstler und Dekorateure mit dem Entwurf der Inneneinrichtung seines neuen Schlosses beauftragte und die Arbeiten ausschließlich von französischen Handwerkern ausführen ließ. So wurde Versailles zu einer Art übergroßen Vitrine mit den erlesensten Stücken der damaligen französischen Kunst. Ausländische Diplomaten und Besucher priesen in ihren Briefen die Pracht und die Schönheit des neuen Schlosses.

Ludwig gab enorme Summen für die Verschönerung sowohl des Äußeren als auch des Inneren des Schlosses aus. Die Wände und die Decken zierten geschnitzte Holztäfelungen, Stukkaturen, Fresken mit lebhaften Darstellungen oder riesige Wandteppiche. Tausende Kerzen flackerten auf silbernen Kandelabern, während sich draußen samtene Rasen mit kleinen Seen, Springbrunnen oder schattigen Wäldchen ablösten.

Sein ganzes Leben lang war Ludwig leidenschaftlich um sein Schloß in Versailles bemüht. Selbst wenn er verreisen mußte, ließ er sich Berichte über den Fortschritt der Arbeiten senden und kontrollierte auch deren kleinste Details. Ludwig liebte die in Töpfen gezogenen Orangenbäumchen wegen ihrer süßlich duftenden, weißen Blüten und ihrer grellfarbenen Früchte. Man konnte sie fast in jedem Raum des Schlosses finden, und einige überlebten sogar bis etwa 1970, also mehr als 300 Jahre.

Das Leben am Hof

Es war eine große Ehre, als Besucher auf das Schloß von Versailles eingeladen zu werden, und noch größer war die Ehre, durfte man dort auch übernachten. Aus ganz Frankreich kamen Adelige mit ihren Ehefrauen an den Hof Ludwigs, in der Hoffnung, die Gunst des Königs zu gewinnen. Einige waren Verwandte, andere persönliche Freunde des Königs. Ludwig XIV. liebte es, sich mit scharfsinnigen, intelligenten Personen zu umgeben, mit ihnen auf die Jagd zu gehen, durch seine Gärten zu spazieren, Musik zu hören oder an Hoffeierlichkeiten teilzunehmen. Die weniger Glücklichen warteten vergeblich beim Vorbeifahren des Herrschers auf ein freundliches Wort oder einen ermutigenden Blick des Königs. Die reichsten Familien ließen in Versailles oder dessen Umgebung Landhäuser errichten. Oft verletzten einige Höflinge, trotz der Mißbilligung des Königs, die strenge Hofetikette und unternahmen Vergnügungsreisen nach Paris.
Im Winter wohnten bis zu 5000 Menschen in Versailles, während des Sommers verringerte sich ihre Zahl jedoch auf rund 2000.

Als Versailles mit der Zeit immer größer wurde, mußten die Höflinge, um von einem Teil des Schlosses in einen anderen zu gelangen, Sänften benutzen. Die Adeligen, die keine Sänften besitzen durften, mußten sie bei einer vom König genehmigten Verleihstelle mieten.
König Ludwig XIV. war all seinen Höflingen gegenüber immer freundlich, selbst wenn er mit ihnen unzufrieden war. Jedesmal, wenn er in den langen Gängen des Schlosses oder in den Gärten einer weiblichen Person begegnete, zog er den Hut, auch wenn sie nur Kammerjungfer oder Wäscherin war.

Theater und Unterhaltung

König Ludwig liebte, wie die meisten Franzosen des 17. Jahrhunderts, das Theater. In Paris gab es viele berühmte Theater, in denen Konzerte gegeben und Komödien und Opern aufgeführt wurden, die in ihrer Inszenierung oft sehr aufwendig und kostspielig waren. 1647 zahlte Kardinal Mazarin 500.000 Scudo für die Produktion einer neuen Oper, deren Aufführung Maschinen notwendig werden ließ, mit deren Hilfe die Schauspieler frei schwebend singen konnten (damals mußte ein Facharbeiter rund fünf Wochen arbeiten, um einen Scudo zu verdienen).

Neben Festen und Bällen veranstaltete Ludwig XIV. in Versailles auch sehr raffinierte Veranstaltungen: 1664 gab er einen Empfang mit dem Thema »Die Freuden der Zauberinsel«, der eine Woche lang dauerte und Musik, Tanz und Essen unter freiem Himmel bot.

Ludwig und seine Höflinge schufen eine neue Mode. Ihr Geschmack bei Kleidung, Einrichtung, Literatur und Unterhaltung wurde von Familien nachgeahmt, die beweisen wollten, daß sie ebenso wie der königliche Hof zu leben wußten. 1653 nahm Ludwig an der Inszenierung einer Oper teil, die in Paris aufgeführt wurde. Zu den Spezialeffekten gehörte unter anderem auch ein von Wolken umhüllter Chor, der hoch über den Schauspielern sang, sowie ein Haus, das mitten auf der Bühne in Brand gesteckt wurde.

Die letzten Jahre

Ludwig XIV. starb am 1. September 1715 im Alter von 76 Jahren. Am Totenbett sagte er zu den Adeligen, die gekommen waren und sich um sein Bett versammelt hatten: »Ich bedaure sehr, nicht das für euch getan zu haben, was ich tun wollte. Die schwierigen Zeiten, in denen wir lebten, haben das verhindert.« Und Ludwigs Regierungszeit war sicherlich eine schwierige Zeit. Auch wenn er mit Versailles ein an herrlichen Kunstgegenständen reiches Schloß erbauen ließ, und der Kunst, der Literatur, der Musik, aber auch Handwerk und Handel entscheidende Impulse gab, war seine Regierung nicht von Erfolg gekrönt. Der große »Sonnenkönig« und die Adeligen mit ihren Maskenbällen und rauschenden Festen am Hof schienen weit entfernt vom täglichen Leben ihres Landes. Ihre Zeit war gekennzeichnet von Rebellionen, Hungersnöten und religiösen Auseinandersetzungen, die ganz Frankreich erschütterten. Die Entschlossenheit Ludwigs, alle Macht unter sich zu konzentrieren, erzürnte die lokalen Machthaber. Trotz zahlreicher Siege erwies sich die vom König verfolgte Politik von »Krieg und Glorie« als sehr kostspielig. Um nämlich Waffen und Munition bezahlen zu können, mußten hohe Steuern eingehoben werden. Am Ende seines Lebens erkannte Ludwig, daß er sich mit seiner Politik sehr unbeliebt gemacht hatte.

Im Alter sah Ludwig XIV. ein, daß er viele Fehler gemacht hatte. Zu seinem Urenkel, dem zukünftigen König von Frankreich, sagte er: »Eifere mir nicht nach in meiner Vorliebe für Bauten und meiner Freude am Krieg. Versuche im Gegenteil, mit deinen Nachbarn Frieden zu bewahren. Höre auf die guten Ratschläge und bemühe dich, dein Volk aus der Armut zu befreien, wozu ich unglücklicherweise nicht fähig gewesen bin.«

Stampato presso
GIUNTI INDUSTRIE GRAFICHE S.p.A.
Stabilimento di Prato, giugno 1993